Scritti di ARDUINO ROSSI

Raccolta di articoli del 2021

Parte settima

In copertina acrilico su tela di Arduino Rossi

Presentazione

Niente musica, le donne chiuse in casa, niente gioia e feste, ecco il futuro del mondo islamizzato.

La musica favorisce l'uso della parte destra del nostro cervello, dove si trova, secondo certe teorie scientifiche, capacità logiche e matematiche.
Le donne sono mamme ed educano i figli, sono il primo stimolo per i bambini, ma se sono represse, analfabete, chiuse in casa e scure come mobili da tenere in soffitta, non stimolano i bambini, i figli, ma li deprimono, sia culturalmente, che per l'intelligenza, oltre per la gioia di

vivere e per le curiosità future, artistiche, sociali o scientifiche.

Tutto questo sarà il nostro futuro, se la politica falsamente tollerante vincerà.

Ci sono individui più falsi delle troie, ci parlano di tolleranza verso questi costumi, verso questi crimini evidenti, contro gli esseri umani e i diritti di ogni individuo.

Perché negare la musica?

Perché rinchiudere in cantina madre, sorelle e figlie?

Perché censurare l'arte, la scienza e tornare alla terra piatta?

Perché qualcuno ci guadagna, perché qualcuno, così mediocre e stupido, teme le capacità altrui.

Ecco perché avviene questo in Afghanistan e le prospettive sono pessime pure da noi in Europa.

Le masse islamiche o sbandate, senza una vera identità sociale e culturale, rischiano di travolgerci, magari mandando ancora al potere una classe di idioti, di persone incapaci, di arroganti senza merito.

È il popolo mediocre, del ceto mediocre, che odia sudare, faticare, sia fisicamente e sia mentalmente, che non sa creare arte, programmare e costruire qualcosa, che sogna un mondo piatto e uniformato, con le donne servizievoli, a loro sempre ....disponibili per tutti gli usi.

Se si abbassa tutto, si appiattisce tutto, loro si ergeranno come .... giganti.
Saranno capi religiosi con le quattro mogli al seguito, saranno finalmente i più potenti ed eccoli accoglienti, tolleranti, dialogano con i talebani e i terroristi, li fanno entrare in casa nostra, li trasformano in padroni.....pregano con loro.
Abbiamo già le prime donne velate dentro il partito della sinistra, che festeggiano i talebani al potere, sentiamo discorsi tanto assurdi quanto ridicoli, sulla necessità del ...... dialogo con queste bestie di Satana, perché sanno che i futuri elettori, nuovi cittadini appena fatti, hanno quelle idee.

L'Isis fa la guerra ai talebani.

Sorpresi?
È la logica del potere che sposa il fanatismo, i più duri accusano gli altri di essere dei molli, dei rinnegati, quindi loro sono gli unici duri e puri.
Vogliono imporre la loro legge, contro quella degli altri islamici, meno ..... rigorosi.
Se li lasciassimo fare si sgozzerebbero tutti tra loro, ma purtroppo tanti innocenti finirebbero male.
Lasciamo fare ad .....Allah comunque e li vedremo tutti morti, perché l'odio genera la morte e nulla più.

Islam, terrorismo e genocidi terrificanti nel futuro.

Chi soffia sul fuoco spesso non sa di appiccare un incendio, o non si immagina che incendio provocherà.
La storia è zeppa di piccoli fuochi, sfuggiti al controllo e diventati immensi roghi.
Prevedere l'inferno in terra nei prossimi decenni, nei prossimi cento anni, è molto facile, perché l'islam è potere ed oggi il potere è sempre più economico e tecnologico.
I Paesi islamici hanno perso fette di ricchezza, di potere economico e dal punto di vista tecnologico sono solo degli acquirenti, non sanno produrre tecnologia nuova o anche come imitazione.
Il potere però è la peggiore droga, che chi lo possiede non sa rinunciare, ma lo vuole detenere a tutti i costi.
Così i loro centri di comando, che uniscono sia il potere civile con quello religioso, non si arrendono e vanno all'attacco.
In loro aiuto abbiamo gente senza scrupoli, che traffica con loro, cedendo armi in cambio di petrodollari, ma anche di parte importante del reddito, spesso scarso, di questi popoli, molte volte alla fame.
Il terrorismo stragista sta diventando l'unico strumento per imporsi al mondo, con anche l'immigrazione in Europa, che

distruggerà almeno la democrazia da noi, ma loro puntano a imporre la sharia a tutti, fedeli ed infedeli.

Le azioni terroristiche, che saranno sempre più vistose e terrificanti, spingeranno i poteri occidentali, con l'opinione pubblica, verso soluzioni sempre più disumane, da fare considerare i nazisti come dei .... dilettanti.

Deportazioni, campi di concentramento, ma anche altre soluzioni terribili, come gli embarghi, che porteranno fame e malattie a interi popoli, con veri genocidi di massa, celati o evidenti, saranno le risposte.

Purtroppo l'islam è una religione inadatta al mondo moderno, tecnologico, che avanza, gli islamici, per la stragrande maggioranza, pure nei Paesi occidentali, sono ai margini sociali, per motivi culturali.

Questo avviene anche in Cina e in India, i due paesi con il maggior sviluppo economico del pianeta, che sono diventate vere potenze indiscusse negli ultimi anni, sono pure i Paesi più ostili alla religione di Maometto, con politiche anti islamiche molto vicine alla pulizia etnica.

Con il crescere dell'aggressività islamica anche da noi è facile immaginare, qualche sintomo si nota già, di risposte che preannunciano soluzioni ...... finali.

Già il terrorismo genera paura ed esclusione sociale verso gli islamici, che vengono regregati in periferie malsane, dove l'emarginazione, la disoccupazione e la miseria sono di casa.

Le forze economiche oggi usano l'Intelligenza Artificiale e i robot potranno svolgere i lavori sporchi, in tutti i sensi.

Sicuramente chi detiene il potere mondiale, finanziario, politico e tecnologico non si faranno spaventare dai fanatici islamisti, ma li lasceranno agire per poi imporre i loro equilibri e il loro ordine globale.

Chi non si adatterà....... morirà, la realtà non lascia scampo, a meno che si utilizzi l'arma della cultura, per disarmare i fanatici, ovvero combattere il fanatismo irrazionale con la razionalità, ma sinceramente penso che oggi sia troppo tardi.

Si doveva iniziare più di cento anni fa, ma la politica coloniale e neocoloniale ha premiato gli integralisti, come nei conflitti in Afghanistan, prima contro i sovietici e poi contro gli occidentali, per avere vantaggi finanziari, economici e di dominio geopolitico.

28.08.2021

Terrorismo e islamismo, la guerra la si vince togliendo soldi a certi conti correnti.

Prima di lanciare azioni militari, di rappresaglia contro le basi nemiche, prima di agire contro i terroristi con reparti speciali, servirebbe utilizzare abili hacker che svuotino certi conti correnti.
Senza soldi non si fanno le guerre e questi capitali fanno strani percorsi, seguono logiche complesse e contraddittorie, al punto di vedere vantaggi economici dopo una strage, magari per gli effetti in discesa o in salita dei titoli azionari, delle monete.
Gli interessi in gioco sono molti e si sostengono a vicenda, non dimentichiamo che senza le banche svizzere la

Germania nazista non avrebbe resistito una settimana agli alleati, come senza i commerci internazionali le repubbliche sovietiche sarebbero decadute decenni prima.

I nemici, ufficialmente combattuti con dichiarazioni focose, sono poi protetti e lasciati agire da chi ottiene vantaggi economici.

La vera battaglia contro il fanatismo islamico e contro i suoi orrendi trionfi, la si fa colpendo chi ci guadagna da tutto questo.

L'oppio ha foraggiato per 40 anni gli islamisti, fanatici, afghani, che prima erano degli .....eroi, contro l'invasione sovietica, poi dei criminali quando erano contro l'Occidente, ma le armi in loro possesso sono costate centinaia di miliardi, tantissimi soldi che avrebbero trasformato quel Paese poverissimo nella Svizzera asiatica.

Non abbiamo solo la droga dietro tutto questo, ma logiche geopolitiche, che alla fine portano sempre a un controllo economico di date zone del mondo, per i vantaggi finanziari e commerciali che ne scaturiscono.

Ecco perché credo più in guerre combattute contro certi speculatori, dentro certi paradisi fiscali, non solo negli Emirati Arabi, che in azioni militari eclatanti.

Il terrorismo porta a conflitti armati, che da sempre

muovono affari e produzioni industriali di interi continenti.
In teoria, ma anche in pratica, se si vuotassero i conti correnti..... segreti di certi personaggi, si vincerebbe la guerra facilmente, per mancanza di mezzi.
I terroristi hanno dietro anni di addestramento, in campi segreti, ma non troppo, dove ricevono molti soldi, loro e le loro famiglie, poi gli addestratori costano, le armi ancora di più, la guerra e la guerriglia non è mai gratuita.
Chi finanzia spera di ottenere dei vantaggi indiretti, magari trattando e trafficando con gli ...... infedeli, che a loro volta sanno che dalla guerra, dal terrore, ricaveranno tanti guadagni.
Un tempo si diceva che "senza soldi non si cantano Messe", oggi si può dire che senza vantaggi economici, soldi sporchi e traffici legali o criminali non si fanno...... guerre sante.
29.08.2021

Il terrorismo ci colpirà sempre più.

Gli islamisti sono figli della globalizzazione, del trionfo di un mondo confuso e senza identità, senza passato e io dico senza futuro.
Per sconfiggerlo servirebbero politiche culturali, oggi totalmente utopiche, prima che sociali ed economiche.
Siamo quasi 8 miliardi di individui su questa Terra, ma il benessere riguarda, più o meno, il 10% degli abitanti del pianeta, che detengono 85% del Pil mondiale, mentre un altro 10% detiene il 10% del pil, ovvero il restante 80% degli abitanti del mondo ha solo un misero 5% della ricchezza globale, per di più distribuita male.
Così il nemico sono i ricchi..... occidentali, infedeli, immorali secondo loro, da punire e derubare.
È questo il dramma mondiale, ovvero traffici sporchi, intrallazzi e idiozie pericolose, perché tra gli islamisti, tra gli islamici, che sono ormai un miliardo e mezzo almeno, non

ho mai visto, sentito, saputo di attività scientifiche, di ricerca, di istituti validi, se non gestiti da ..... infedeli a casa loro, come negli Emirati.

Diciamo che il meccanismo è chiaro e assurdo, noi stiamo meglio di loro per il nostro sistema culturale e sociale, da infedeli, loro invece credono che loro siano messi peggio perché Allah li punisce, perché non ci combattono sino a farci estinguere, distruggendo la nostra cultura.

Infatti loro sono fatalisti e se da noi partono i razzi per lo spazio, se da noi nascono computer, è...... perché Allah lo permette e ci dona .... tutto questo.

Il merito individuale, lo sforzo mentale non esiste, ma tutto dipende da questo strano dio, che scrivo sempre in minuscolo, che ci conduce su questa terra come lombrichi ciechi.

Quindi o loro rinunciano alla loro cultura e scoprono la razionalità occidentale, perdendo fatalismo e assolutismo religioso, o noi diventeremo tutti come loro, in preghiera 5 volta al giorno, fermando strade e autostrade, produzione industriale in fabbrica, accettando il proprio destino, senza musica, senza arte, senza letteratura, senza pensiero scientifico, con le donne rinchiuse in cantina, in attesa di entrare in un paradiso per fare..... sesso per l'eternità.

Altra soluzione sta nella fine della loro cultura, o anche nel rispetto di quelle altrui, trasformandosi in qualcosa di moderno, occidentale, dove la sfera religiosa sta nel privato e riguarda le singole scelte personali.

Se non sarà così, come temo, avremo morte e terrore, mentre loro verranno sempre più emarginati in quartieri degradati e malsani, rinchiusi dentro come in lager in un futuro non troppo lontano, o staranno in Paesi che saranno sempre più miseri, con masse di affamati e disperati sempre più numerose.

Occidente in crisi, perché ognuno pensa a sé stesso.

Oggi siamo vittime di un'invasione assurda, abbiamo nei posti di comando, in Europa, le persone più stupide o legate a traffici criminali, mai viste nel passato, anche nero, nefasto.

Il nostro grande problema, la nostra grande ...... vigliaccheria, si chiama ..... individualismo.

Se aggrediscono e uccidono, se rapinano un vicino è...... un problema suo, non nostro, a noi questo......non può capitare.

Perché ci sentiamo immuni dalle disgrazie sociali non lo si capisce bene, ma il crimine colpisce sempre gli ...... altri, mentre noi votiamo sempre per chi protegge i nostri piccoli e meschini privilegi, nel mondo del lavoro, nell'abitazione, collocata in un quartiere sicuro, o così crediamo.

Gli immigrati spacciano, ma i nostri figli sono..... bravi e certe cose loro non le farebbero mai, così in troppi si illudono e negano pure l'evidenza.

Gli immigrati rubano il lavoro ai ceti più deboli, i non specializzati, ma loro, i progressisti, si sentono sempre ..... intoccabili, sino a quando si trovano, a quarant'anni o a cinquant'anni, senza lavoro e devono svolgere mestieri di basso livello perché troppo vecchi per fare concorrenza ai giovani, con i migranti che si fanno pagare sempre meno.

Sono ospitali, perché non trovano mai chi pulisca le scale

del loro condominio, che si faccia pagare in nero, sotto costo, poi se alla sera ci sono le risse, accoltellamenti sotto casa, non sanno più cosa dire, ma restano fedeli alla loro meschina idiozia.

Ognuno pensi a se stesso, poi qualcuno pagherà per tutti, anzi, figli e nipoti pagheranno per colpa di questi genitori minchioni, che non vedono oltre il loro naso e si bevono tutte le idiozie che gli rivelano in televisione, mentre i tagliagole islamici sono già sotto casa sua e aspettano il momento di agire.

Un brutto giorno capiterà anche a loro, anche a lui, ma in quel giorno sarà troppo tardi per capire che quello che sta capitando ci riguarda tutti e le masse feroci, venute dal Sud del mondo, sono pronte a farci la festa, senza guardare le tessere in tasca, senza importarsi cosa si ha votato alle ultime elezioni.

Anche quelli del PD potranno avere la gola tagliata, come capita e capiterà a quello che vota a destra e oggi vuole sicurezza.

In Afghanistan, i cinesi faranno pulizia etnica.

Biden festeggia la sciagurata fuga e i commentatori filo Usa sorridono, sostenendo che la patata bollente tocca ora a Russia e Cina, ma si scordano che il mondo sta cambiando.

I cinesi possono fare le pulizie etniche che vogliono e Putin o la nuova Russia neo zarista, è con loro.

La guerriglia si vince pulendo e punendo la popolazione locale, mentre è facile sostituirla, anti talebani e anche anti islamici nella regione asiatica se ne trovano molti, fedelissimi ai nuovi padroni, magari tra gli abili minatori, molto utili nella ricca di minerali Afghanistan.

Questo è lo scenario futuro e voglio vedere cosa potrà fare la decadente e ridicola Europa, la indifferente, ... democratica e ipocrita nazione statunitense, contro i cinesi, presto i più ricchi del mondo, già oggi, se uniti alla potenza indiana, in forte crescita, alla pari di un Occidente sempre più marginale e decadente.

A quel punto loro, i cinesi e i loro alleati, ci potrebbero mandare milioni di profughi, che porterebbero il sorgere di un nuovo sentimento, sempre più forte, xenofobo, che pochi idioti senza arte né professione, a servizio dei sindacati parassitari, passa carte dei posti pubblici, non potrebbero più contrastare, con i loro amichetti fancazzisti in Parlamento.

Io affermo qualcosa che pare oggi strano, i talebani hanno perso la guerra, ma ce ne accorgeremo tra qualche decennio.

Chi vivrà vedrà.

Manodopera a basso costo e robot in conflitto.

Il sistema attuale non è più medioevale, come capita nei Paesi islamici, o nei Paesi poveri, che spesso poveri non lo sono più.
Chi conosce le realtà del Terzo mondo, termine ormai

superato, sa bene che la differenza tra ricchi e poveri sta nella preparazione scolastica.

Proprio in quelle realtà l'istruzione fa la differenza e se uno delle periferie degradate studia e apprende un mestiere utile, ben pagato, esce dalla miseria, facendo un salto sociale che noi ormai non vediamo più.

L'esempio classico sta nel laureato in informatica, che passa dai bassi ai quartieri alti, fatto che avviene realmente in India.

Invece portare manovali dal Sud del mondo al Nord porta solo miseria da noi, toglie occasioni di lavoro a chi, per diversi motivi, da noi ha un basso livello di preparazione scolastica e nessuna professionalità lavorativa.

Ecco a voi la guerra tra i manovali, che qualche brutta persona, di ceto mediocre, disprezza.

Stanno sempre dalla parte del nuovo venuto, odiando e disprezzando, per esempio, il manovale non istruito rigorosamente italiano, montanaro del Nord o figlio di braccianti del Sud, quasi sempre.

Il ceto mediocre, che vive in centro città e vota PD, partito della sinistra oggi, ma un tempo erano tutti democristiani, con il naso tappato per non sentire l'odore di marcio, difendono i loro meschini privilegi, a scapito dei più deboli.

La loro cultura è tutta ......formale, si vantano spesso con titoli più o meno comprati, disprezzano sempre chi si sporca le mani quando lavora, amano i talebani, con cui dialogano volentieri e sognano, consciamente o inconsciamente non si sa, il Medioevo islamico.

Non sanno che il loro lavoro, spesso fasullo, di passacarte, di avvocati delle cause perse, che campano a spese dello Stato che li paga per difendere in tribunale, malamente, spacciatori magrebini o nigeriani, è già oggi sostituibile dalla ...... fantascientifica Intelligenza Artificiale, che potrebbe mandare a casa già i nostri giudici, a campare con il reddito di cittadinanza e ci darebbero sentenze sicure e giuste, in pochissimo tempo.

Quindi, se i manovali saranno spazzati via, se non studieranno come tecnici, dai robot, fra pochi anni, pure i fancazzisti di alto borgo, parassiti a spese dello Stato e quindi nostri, dovranno ..... usare il cervello o affogare.

Siamo in un mondo di folli, per favore risvegliatemi.

I talebani hanno conquistato l'Afghanistan, ma anche le periferie del Belgio, della Gran Bretagna e della Francia.
I turchi rialzano la testa, come fossimo nel peggiori Medioevo, la corruzione trionfa ed è impunita, anzi è protetta dalla sinistra, che denuncia chiunque tocchi i ladri di regime, che hanno svuotato banche e il patrimonio pubblico dello Stato, ...privatizzando a loro favore.
L'unico diritto, che chiamano atto di civiltà, sta nel concedere a chi vuole di indossare la .....gonna, uomo, donna o dromedario che sia.
Sembra di vivere in qualche brutto sogno, qualche strampalato incubo, che segui malamente e non vedi l'ora di risvegliarti, per correre in cucina a bere il caffè.
Invece è la realtà, l'idiozia è salita al potere e strilla, strilla continuamente.
Gli imbecilli sono sempre più popolari e vengono esaltati dalla stampa, anzi dementi da ricovero obbligatorio scrivono, insultano, minacciano, tanto la Magistratura non li toccherà, loro possono tutto.
Se qualcuno fa notare che le sentenze puzzano di marcio

è messo in croce, denunciato e si parla di......indipendenza dei giudici, come quella che non toccava mai i politici, durante le inchieste contro la corruzione, prima di mani pulite.

Una parte del popolo batte sempre le manine, diciamo gli scemi del villaggio gridano sempre viva il Re, chiunque egli sia, ovvero "Francia o Spagna, ma l'importante che si magna".

Poi tutto crollerà, come è sempre avvenuto nella storia e gli idioti saranno ingoiati dagli avvenimenti, quindi prevedere situazioni terribili, facilmente evitabili con un po' di cervello, è fin troppo facile.

Voi andate in ufficio con la gonna, dopo esservi ben rasati la barba, restate fedeli alle minchiate ufficiali e siate sempre attenti alle mode dominanti, non pensate, non ragionate, tanto il vento vi porterà via come le foglie morte.

Sta arrivando l'autunno.

Perché i talebani hanno vinto?

È semplice, perché i talebani erano tutti gli afghani, tutto il popolo, tranne qualche eccezione che viveva a Kabul o in altre città.
I nemici dei talebani erano pochi, isolati, confusi, anche disperati, non amavano e non amano l'Occidente, ma il nostro benessere, come gli immigrati e i figli degli immigrati nelle periferie delle grandi città europee, che impongono la sharia.
In Afghanistan si vinceva esportando la nostra ...... civiltà, facendo il lavaggio del cervello alla popolazione, fatto impossibile e anti democratico, oppure si faceva la ...... pulizia etnica, in stile serbo durante la guerra post Jugoslavia, se si preferisce come agisce la Cina contro le minoranze islamiche.
Chiaramente tutto questo è criminale, da processi in corti di giustizia internazionali, che giudicano crimini contro l'Umanità.

Infatti gli americani, ma pure i sovietici prima, avevano vinto mille volte la guerra contro i guerriglieri, ma questi tornavano sempre, avevano sempre nuove armi, fornite prima dall'Occidente, contro i sovietici, poi dai russi e dai cinesi e dai nemici islamici dell'Occidente, presenti in banche e in affari sporchi degli Stati del Golfo Persico.

Diciamo che erano tutti ....talebani, che non indossavano divise.

Se li sconfiggono la prima volta, ogni uomo, ragazzo, ma anche donna e bambino, diventa un nemico, pronto a riprendere in pugno le armi dei caduti in combattimento.

Non bisogna nascondersi dietro il buonismo demenziale, non ci sono afghani ..... democratici o questi si sarebbero armati e di armi ne avevano a disposizione a migliaia, avrebbero combattuto, ma l'esercito e la popolazione si è arresa senza combattere.

Quindi la questione è culturale o terribilmente da regime criminale, totalitario.

Non è possibile, in questa epoca, come sognano i buonisti analfabeti e di basso QI, creare un islam democratico e tollerante, perché non sarebbe più islam, ma una nuova religione, che dovrebbe avere qualcosa che l'islam non ha.

Parlo di una visione non fatalista della vita, degli avvenimenti, la razionalità, il rispetto degli individui, donne comprese, con le loro scelte personali, con una teologia unificante, che la differenzi dalle altre fedi monoteiste, cristianesimo e ebraismo.

Ovvero dovrebbe dire qualcosa in più di queste religioni, qualcosa di nuovo, una vera rivelazione..... unica che faccia della religione di Maometto una fede che non ripete cose già dette.

Infatti l'islam ha leggi dure, che assomigliano a quelle ebraiche, ma applicate in modo rigido, fanatico, senza sé e senza ma.

Poi ha sposato tradizioni tribali, confondendo le menti di chi crede in questa fede assolutista.

Servirebbe una mediazione e qualcuno che sappia smorzare gli spigoli di certe linee religiose, dividendo il potere religioso da quello civile.

Pretendo troppo e nulla si vede all'orizzonte, quindi l'emarginazione delle periferie europee, l'impoverimento delle masse islamiche, sempre più numerose e sempre più povere, tranne per i soliti sceicchi che trafficano con l'Occidente, ci preparano a ghetti chiusi, che diventeranno sempre più veri lager, a popolazioni affamate, che verranno falcidiate dalle epidemie future, che nessun reddito di cittadinanza salverà, anzi condannerà all'emarginazione senza scampo.

Sarà il nuovo olocausto?

Il terrorismo, che ci colpirà sempre più in futuro, favorirà tutto questo, ma non vedo politici intelligenti, uomini di cultura acuti e intenzionati a dare risposte sensate.

Siamo all'inizio del più grande olocausto della storia umana?

Se non si danno risposte valide, con porti chiusi e imposizioni di leggi, che consideri già terroristiche certe prediche nelle moschee, vedremo cose terribili.

Quindi bisogna condannare ai lavori obbligatori i mullah che istigano all'odio, chiunque faccia violenza alle donne, chi minaccia di morte gli infedeli con internet, o anche a voce, oppure siamo perduti, anzi loro sono perduti.

Siamo nell'era dei robot killer e il martirio è sconfitto in partenza come arma.

Nell'epoca delle super tecnologie, delle ricchezze accumulate con la speculazione finanziaria, che investe sullo sviluppo senza manodopera, non riesco ad immaginare un futuro medioevale con fanatici esaltati, irrazionali e sempre in attesa di un destino fatalista.

Per evitare tutto questo bisogna imporre politiche estere che favoriscano Stati laici nei Paesi islamici, ma sino ad oggi si è fatto il contrario, colpendo i regimi laici e tenendoci, proteggendo, quelli tirannici, con sovrani

assoluti ridicoli e criminali, per meglio fare affari e arricchirsi.
Alla fine le buone parole sdolcinate verso i profughi servono solo a preparare l'inferno in terra.

Reddito di cittadinanza, la truffa di farabutti senza scrupoli.

Questi soldi sono tolti, come quelli della banca MPS, o quelli degli apparati pubblici e parastatali, dei concorsi truccati, dei finanziamenti alle varie associazioni pseudo culturali, para politiche e clientelare varie, dalle tasse, dalla fatica dei lavoratori.

Avere un branco di buoi obbedienti che si accontentano di qualche centinaio di euro, poi da arrotondare con attività illegali, dal furto, allo spaccio di droga, al lavoro nero, è utile, per poi utilizzare questi voti per favorire bancarottieri, cosche mafiose e il riciclaggio del denaro sporco, traffici criminali, dagli sbarchi dei clandestini, al commercio di armi e alla prostituzione.

La tecnica della famigerata Democrazia Cristiana oggi è legalizzata dai 5 Stelle, dalle bande sindacali, ovvero ai tempi si riempivano gli enti pubblici di gente .....inutile per comprare voti, per fini che ci hanno regalato un'Italia ormai simile a una grande discarica, dai rifiuti tossici, allo spaccio libero e indisturbato, alle rapine legalizzate dei beni pubblici, autostrade, edifici in disuso, ditte a partecipazione statale, ceduti agli imprenditori .... amici, per quattro spiccioli.

Voglio ricordare a chi riceve questi soldi.... sporchi, questo RDC, che loro sono le prime vittime di un sistema che li condanna all'emarginazione sociale, senza più speranze.

Essere fuori dal mondo del lavoro porta a situazioni disperate e senza scampo, poi quando non servirete più, vi getteranno come rifiuti da buttare in discarica.

Quando il sistema sociale e democratico cambierà,

quando non sarete più utili ai loro fini, il vostro destino sarà segnato.

Islamismo, fanatismo e cretinismo, chi ci guadagna?

I francesi dicono "Cherchez la femme!", ovvero, cercate la donna, per capire cosa ci sia dietro a fatti incredibili e criminali.
Invece, nel nostro caso dovremmo dire, cerchiamo l'affarista, ovvero chi guadagna da questa situazione.
Però costui non può essere inquisito, con i nostri strumenti giudiziari, perché non commette reati, ma se ne approfitta di situazioni incresciose, che lui, anzi, loro favoriscono con politiche estere e accordi internazionali, con accordi commerciali, che li rendono sempre più ricchi.

Biden se ne è andato dall'Afghanistan, ha lasciato pure le armi e gli elicotteri ai talebani, ha abbandonato e tradito chi li combatteva, ma dice che era necessario per il bene di tutti.....

I talebani ci riportano in un mondo assurdo, anzi, ci donano un medioevo islamico che non è mai esistito in questo modo così rigido, da mostrare come..... umani, tolleranti e buoni gli sciiti iraniani e gli arabi dell'Arabia Saudita.

A perdere sono state le donne afghane, io dico la quasi totalità degli afghani, ma a guadagnare saranno i riciclatori del denaro, che proviene dalla vendita dell'oppio, chi comprerà i minerali afghani, chi farà affari con i cinesi, che si vedono in regalo una regione asiatica importantissima, per i loro transiti commerciali.

Così, da noi, abbiamo chi ... tratta con i talebani tagliagole, bastonatori delle donne a capo scoperto, che escono non accompagnate, come i cani randagi, che loro odiano allo stesso modo.

Sì, il bilancio della spesa pubblica statunitense, ma anche la nostra, di europei della NATO, avrà un risparmio, utile in questo momento difficile, poi gli utili arriveranno dopo, nelle tasche degli speculatori finanziari, che guadagnano dalle guerre e dalla pace imposta, anche dalle sconfitte politiche e sociali, culturali.

Quindi avremo più metalli utili per le attività industriali per tutti, con la riduzione del loro prezzo, per l'arrivo di quelli afghani, avremo più eroina per gli idioti che si vogliono uccidere con quello schifo, ma anche più soldi in utili criminali, che finiscono sempre nelle attività legali, prima o poi?

Come si riconoscono costoro?

È semplice, non li vedi mai, ma conosci chi sta dietro a costoro, politici e giornalisti e sono tutti coloro che sono tolleranti con i tagliagole, con chi picchia le donne tenendo il Corano in mano, con chi vuole ..... integrare queste bestie di Satana da noi.

Sono pseudo intellettuali, sono giornalisti che parlano come fossero i peggiori avvocati delle cause perse, che non vedono e non sentono, ma straparlano sempre, urlano e minacciano pure, insultando chi li mette con le spalle contro il muro.

Costoro sono le solite troie di regime e per un po' di ..... popolarità tra gli imbecilli, per due soldi in tasca si vendono al .....diavolo, quello con la barba lunga e il coltello pronto a scannare poveracci, perché ciò che conta sono i soldi, sfregandosi le mani, felici, soddisfatti.

Progressisti, poverini senza cervello.

Sono sempre fedeli alle tesi scientiste dei positivisti e dei neopositivisti, questi ultimi dettero del ritardato mentale a Albert Einstein, perché sconvolse i loro dogmi assolutisti con la sua teoria della Relatività.
In pratica costoro, io li ho visti sempre così, sono dei miseri carrieristi senza doti particolari, sempre vestiti alla moda,

narcisisti, poco fantasiosi, capaci di ossequiare bene chi li può aiutare nelle loro misere carrierucce.

Sono sempre filo statunitensi, filo progresso, che lo esaltano, a torto a ragione, tranne quando i rinnovamenti tecnologici non li lasciano senza lavoro.

Oggi sono filo Biden e lo giustificano, nelle sue disordinate scelte, che ci porteranno il terrorismo e gli orrori al seguito.

Sono sempre per i costumi sessuali...... liberi, essendo poi non proprio uomini, ma narcisisti ..... ambigui.

La loro forza sta nel saper restare accanto a chi comanda, chiunque egli sia, stanno sempre con il più forte, contro le vittime delle prepotenze, ma se non fossero così sarebbero spazzati via dalla realtà, loro con i loro abiti firmati, i loro debito in banca, i loro atteggiamenti patetici e le loro sbruffonate.

Quando scoppierà l'inferno loro si nasconderanno in cantina, quando i tagliagole saranno i più forti loro costringeranno moglie e figlie ad indossare il burqa.

In fondo loro sono il popolo dei meschinelli e dei codardi, il cui unico fine sta nel tirare a campare, quindi lasciano che tutto si aggravi e si troveranno l'acqua alla gola senza scampo.

Non capiscono in che mondo stanno vivendo.

L'Unione Europea è utile solo per i grandi evasori.

Il sistema che premia chi porta la sua società in un paese dove si pagano pochissime tasse, sempre nell'Unione Europea, ha permesso a grandi società, a multinazionali, da Facebook, da Google, a quelle italiane, la FIAT e tante altre, che operano anche in Italia, con vantaggi e servizi pagati pure da noi tutti con le tasse, a non pagare tasse in Italia.

Versano poco, quasi niente, in Irlanda, nel Lussemburgo, nei Paesi Bassi, che sono gli stessi Paesi che vogliono imporci tanti sacrifici finanziari e tagli allo Stato sociale.

Diciamo che poi abbiamo un sistema economico e finanziario, con una stampa di regime, a spese dello Stato, che esalta l'importanza di questa famigerata unione di affari sporchi, di traffici criminali, di evasione fiscale legalizzata.

A questo punto capisco come facessero i feudatari a imporre alle masse di contadini la servitù, con il diritto della prima notte di nozze delle novelle spose, con tutte le prepotenze ed arroganze da parte delle soldataglie.

Comunque, pur essendo servi della gleba analfabeti, almeno avevano i briganti che facevano un po' di giustizia contro i vari signorotti e gli sbirri.

Invece oggi abbiamo chi lavora e paga, paga tasse, che servono a mantenere i tanti parassiti di regime, dai politicanti, con le loro corti, con i giornalisti, sino ai fancazzisti del reddito di cittadinanza, mentre gli altri sudano e faticano in silenzio, obbedienti ed ossequiosi.

Gli immigrati, gli omosessuali, gli islamisti vengono tutti arruolati per difendere questo sistema che sta crollando per il debito pubblico, per la corruzione e le varie mafie, con tutti i crimini al seguito.

Che tutto finirà male è certo, se non ci saranno iniziative nazionali ed europee, che non si vedono, non si progettano.
Mettere in discussione questo regime demenziale sarebbe giusto e utile, ma in troppi stanno in silenzio e subiscono.
Almeno un tempo, ogni tanto, i villici prendevano i forconi ed assaltavano i castelli, oggi invece la gente scende in piazza con la.....gonna per il Decreto Zan.

Buonisti assassini.

Essere profeti oggi è facile, facilissimo, non servono

tarocchi, sfere di cristallo per vedere il futuro, basta la logica, la razionalità, ma in pochi usano questi strumenti mentali, tipici del vecchio Occidente.

A pagare sono stati 5 poveracci, non sono i primi, ma gli altri casi sono stati soffocati dalla stampa di regime, con i soliti giornalisti di merda, che per mille euro al mese o poco più, lavorando di notte come le puttane, servono gli interessi di un potere politico corrotto e demente.

Prevedere azioni simili era facile, ma i nostri minchioni, detti pennivendoli, hanno subito affermato che non si tratta ...... di terrorismo, poi la perizia psichiatrica dello strizza cervelli della mutua arriverà e confermerà..... che l'accoltellatore è un pazzo.

Tutto previsto e solo un ritardato mentale, con gravi problemi, può essere in buona fede e credere veramente a queste minchiate.

Infatti i buonisti non credono a tutte queste affermazioni, come loro e i loro genitori non credevano alla bontà dell'Unione Sovietica, o all'onestà dei democristiani.

Tutti costoro capiscano, ma fanno finta di nulla, poi se un bambino di cinque anni è in fin di vita non..... importa, tanto non è loro figlio o loro nipote.

Se un bastardo islamista, ma non.......terrorista, così affermano, lo ha accoltellato per sgozzarlo, colpendo altre

quattro persone, loro restano indifferenti.
L'importante è avere i soliti vantaggi che li riguardano, raccomandazioni, vittoria in concorsi truccati, favoritismi vari e non lavorare, ma farsi mantenere da quelle persone che rischiano la vita tutti i giorni e sempre più, per colpa dei loro amichetti tagliagole.
Sarebbe giusto raccogliere milioni di firme per mandare via Lamorgese, ministro più dannoso che inutile.
Invece tutti tacciono e molti, in Romagna, anche a Rimini, terra ospitale, che ha ospitato il tagliagole, voteranno ancora PD e resteranno .... accoglienti, come i dementi.

Cannabis libera ed emarginazione certa.

Questa è l'ultima porcheria dei 5 Stelle, che supera tutto e tutti.

Una banda di idioti, di lavativi, di falliti, di incapaci, visto che non sanno più cosa fare per non sparire dalla politica nazionale, vogliono donare, ai ragazzi e ai ragazzini, questa merda di nome droga leggera, che da sempre abbassa il livello di coscienza dei giovani, li inebetisce, li prepara ad altre droghe o all'abuso dell'alcool.

In pratica li spinge verso esistenze da emarginati, di merda, perché da spinellati non possono lavorare in fabbrica, nell'edilizia, negli uffici, pubblici o privati, nella scuola.......

Dare a questi poveri idioti la possibilità di usare questa merda liberamente favorisce la loro discriminazione sociale e una fine misera, ai bordi della società, se non smettono in tempo e non si rimettono sulla strada giusta.

Questo schifo di referendum lo propongono per avere due voti in più.

Care merde a 5 stelle lo so che siete sballati per gli spinelli e non sapete dare risposte, ma a parte le idiozie demenziali su Il Fatto Quotidiano, di giornalisti probabilmente fatti, rispondete con qualche argomentazione sensata, dopo aver dormito e aver

superato la sbornia.
Grazie.

Gli spacciatori hanno i santi protettori.

In certi casi si mostrano come......santi misericordiosi, ma dietro questo schifo criminale, spaccio libero e tanti reati differenti, con rendite sicure per i ..... nobili riciclatori, che ogni tanto, ma purtroppo poche volte, subiscono il sequestro di qualche bene, quello che usano in Italia, mentre i soldi, la grande totalità, stanno nascosti all'estero, nei paradisi fiscali che la politica mondiale non vuole ....

misteriosamente toccare.

La cronaca nera ha segnalato il sequestro di beni di questi signori che non si sporcano le mani direttamente, ma lavano bene i denari accumulati e fanno la bella vita, da...... affaristi di successo.

Ora mi faccio due domande, le faccio a me stesso e non alla magistratura, che certamente conosce già le risposte corrette.

Politicamente costoro chi finanzieranno, per avere le strade aperte, i porti spalancati, gli affari assicurati?

Per avere sempre nuovi spacciatori, oppure lavoratori in nero a basso costo, con il caporalato, chi favoriranno?

Quali forze politiche concedono spaccio e criminalità libera nelle nostre strade in modo che i loro affari non abbiano contrasti?

Chi chiude porti e vuole sicurezza nelle vie, chi combatte lo spaccio e vuole espulsioni dei manovali del crimine importati non mi ...... paiono adatti a loro, mentre chi parla di accoglienza e fa orecchie da mercante quando la gente non ne può più di aggressioni, di crimine e di strade pericolose non sono adatti a loro.

Invece chi impedisce le espulsioni e la carcerazione, parla di ...... diritti umani, che ormai sembrano barzellette, sicuramente a loro, ai mafiosi in doppiopetto, con la cravatta abbinata alla giacca e alla camicia, paiono utili e ..... corretti.

Ora non so se ci siano prove di finanziamenti ai partiti accoglienti, io aggiungo, pure alla stampa vicino a questi partiti, ma se io fossi uno di loro verserei tanti soldi per non trovarmi gli affari rovinati.

Ovviamente io non sono uno di loro e neppure un magistrato, poi oggi, con i sistemi elettronici e le microspie, dal costo più che economico, si potrebbero avere tutte le prove che si vuole, ma nessun magistrato vuole finire nelle sedi disagiate, a quanto pare, o terminare in qualche luogo desolato, a caccia di ladri di bestiame.

Quindi dietro i ..... buoni accoglienti abbiamo i peggiori farabutti del Paese?

Quindi, se la logica e la razionalità non ci ingannano, dietro ai preti che urlano dal pulpito, mandando all'inferno i non accoglienti, dietro ai buonisti irriducibili, sprezzanti e dal sorriso ipocrita, abbiamo gli uomini d'onore.

Quale onore per i progressisti italiani.

I terroristi stanno per colpire, ma loro se la prendono con i no-vax.

Ora, non entro nella questione dei no-vax, che sono da affrontare politicamente non con scelte repressive, da regime, però i...... graditi ospiti, oltre a spacciare, a farsi mantenere in vario modo, da perfetti parassiti, ci vogliono pure sgozzare allegramente, sperando di andare in paradiso, tra le loro vergini..... con le corna e la coda, con i forconi.
Ora non si capisce cosa sperino i dementi che ci

governano?

Vogliono il terrorismo per celare i loro affari sporchi?

Comunque abbiamo interessi evidenti e loschi, complotti internazionali, giochi geopolitici che passano sopra le nostre teste.

Quindi dobbiamo accogliere fraternamente, come dice l'antipapa Bergoglio, i nostri futuri aguzzini o siamo dei........ razzisti.

Invece mi chiedo come possano esistere ancora poverini che votino gli accoglienti, sono spesso concentrati nelle grandi città, nel centro, quindi sono di ceto borghese, anche benestante.

Saranno loro le prime vittime dei terroristi?

Si sa che gli islamisti non hanno mai colpito le città di provincia, ma le capitali o le città più grandi, per farsi meglio notare, poi amano i luoghi pubblici ben frequentati, come le vie delle passeggiate e dei negozi.

Quanti morti dovremo vedere?

Quanti innocenti, compreso i bambini, dovremo lasciar perire prima di capire che l'islam non è una religione, ma un'ideologia di dominio, di comando, che sfrutta il fanatismo per prendere il potere?

Se e quando lo capiranno anche i tonti progressisti potremo reagire decisi, imponendo o il rispetto per tutti, donne e bambini, infedeli compresi, oppure devono essere rinchiusi in ghetti, in Stati solo per loro, senza la presenza di infedeli.

Una volta che saranno solo tra loro continueranno a sgozzarsi fraternamente, oppure rinunceranno a questa follia medioevale, degenerata nei secoli.

Movimento 5 Stelle, il solito inganno storico.

Da sempre vedo il nascere di movimenti spontanei, così si definiscono, che toccano sentimenti, positivi e negativi, diffusi tra la gente.

Sono contro la politica, ma quasi mai contro chi utilizza e sfrutta questa classe politica corrotta, con il popolo dei lacchè fedeli, che vanno dall'ultimo fattorino del comune sperduto in montagna al super dirigente, spesso si può correggere con super deficiente, sempre ben vestito, con giacca e cravatta rigorosamente chiusa, in ordine, anche nei giorni più caldi dell'estate.

I movimenti promettono rivoluzioni...... democratiche, ma alla fine ottengono solo la sostituzione di politici vecchi, talvolta non stupidi, con perfetti idioti e incapaci a svolgere qualsiasi attività.

La tristezza che invade la gente normale è immensa e questi movimenti poi, in pochi anni, finiscono in guai giudiziari, come i loro predecessori, per reati tipici dei corrotti, appropriazione indebita, uso privato di beni pubblici, abuso di potere e tanto altro.

Gli italiani non sono un popolo di ladri, ma di ingenui, non basta alzare la voce nei comizi, dai blog, servono programmi precisi e leggi corrette, con l'utilizzo di strumenti di controllo adatti, incrociati, per individuare i corrotti, con una giustizia rapida, apersonale, non asservita a questo partito contro l'altro.

Ora tutto crolla, per i penta stellati, a dire il vero mi sembravano già tutti dei poverini senza alcuna capacità particolare, dal linguaggio povero, dai QI mediocri se non bassi, presi in prestito dalla politica per servire interessi sporchi, come spesso capita da quando è nata la nostra Repubblica delle banane.

Forse noi italiani dovremmo pretendere questo, ovvero un

sistema democratico efficiente e una giustizia corretta, ma purtroppo in troppi tirano a campare, si mettono a servizio di questo carro piuttosto che l'altro, ma sono sempre pronti a mutare........ idee politiche per 80 euro, per due soldi, miseri, di Reddito di Cittadinanza.
Intanto in troppi ingrassano grazie a squallidi politicanti urlanti, rovinandoci il presente e il futuro, nostro, dei nostri figli e dei nostri nipoti.

Cannabis libera? Ficcatevela nel culo.

Io mi ricordo bene che girava, allora, nella metà degli anni Settanta, tra amiconi ridenti, qualcuno faceva pure i soldi con questa merda, erba o marijuana che fosse.
Mi ricordo di ragazzi ingenui che la compravano per fare un po' di sballo, mentre altri parevano, oggi lo so bene, dei viscidi serpenti che aprivano le porte dell'inferno.
Io ero contrario e poi, grazie a Dio, non avevo soldi con me per comprarmi quella schifezza, che i miei ideali consideravano il male assoluto, ma non presi iniziative contro gli spacciatori, miei coetanei, ragazzoni....... simpatici, così pensavo.
Poi i più deboli, i più sbandati li rivedevo, quando prendevo il treno, alla stazione, tra gli eroinomani, avevano fatto il salto di....... qualità e un grande rimorso mi salì dentro.
Tuttora mi rimane, ma del senno del poi ne sono piene le fosse.
Perché non ho picchiato, con altri miei amici, quei bastardi di spacciatori?
Allora la violenza era diffusa e per poco giravano le sprangate sulla testa, io non restavo lì a prenderle.
Però se avessi, avessimo preso a botte quei figli di troia

che vendevano lo sterco ai più ingenui, i più fessi, molti di quei ragazzi, che sono morti per overdose, per incidenti stradali o sul posto di lavoro, oppure sono finiti tra i barboni, sulle strade, avendo brevi esistenze infernali, si sarebbero salvati.

ipotesi..... religiosa.

Se esistesse una religione che considera le donne esseri da utilizzare come schiave, chi non è della sua fede è da trattare da essere inferiore,
se questa..... fede volesse imporre la sua..... religione con la forza, con le bombe e il massacro degli infedeli, è lecito

considerarla come una grande associazione criminale, mafiosa, da reprimere in tutto il mondo?
Si dovrebbero rinchiudere i suoi fedeli in luoghi adatti e contrastare, con trattamenti psichiatrici obbligatori tutti costoro, oppure come normali criminali da chiudere dentro campi di detenzione.
Chiaramente se questa assurda fede.... esistesse, questa è solo una mia......... ipotesi.

Immigrazione, costo del lavoro e crypto valute.

Se i lavori manuali sparissero, se il denaro fosse unico, con una sola valuta in tutto il mondo, gli immigrati fuggirebbero e tornerebbero a casa loro.
Questa è una mia ipotesi, perché le panzane che ci raccontano, sulla fuga dalla guerra, nascondono solo un vecchio sistema economico, ovvero far entrare molti disperati per far crollare il costo del lavoro da noi.
Gli immigrati cercano salari con monete forti, lo facevano i nostri nonni in Svizzera, a Nord delle Alpi, per ricevere, per lavori in Italia mal pagati, guadagni tre, quattro, cinque volte quelli avuti in patria.
Allora il mondo era diversissimo e le fabbriche avevano necessità di folle di operai senza specializzazione, adatti alle catene di montaggio.
Oggi l'automazione e i robot, che iniziano a mostrarsi all'orizzonte, stanno eliminando tutti i lavori non specializzati e senza professionalità, tranne quelli della malavita, quindi queste masse di disperati stanno perdendo la loro forza, servono sempre meno e dovrebbero tornare a casa loro, dove potrebbero fare esistenze migliori.
Poi in pochi hanno notato che le criptovalute stanno

eliminando il peso delle monete nazionali, però, per ora, queste strane monete servono solo agli speculatori finanziari.

Qualcuno aveva proposto di creare una nuova valuta che fosse la media di diverse monete nazionali, dal Dollaro, all'Euro inserendo diverse monete locali, del Sud del mondo.

Questa sarebbe la rivoluzione finanziaria più importante del mondo, perché farebbe crollare il principio che se sono in un Paese con la moneta forte sono più ricco di un mio simile, che svolge lo stesso mio lavoro, ma vive nel Sud del pianeta, dentro magari un quartiere misero.

Conterebbe solo il lavoro che svolgi e non dove lo svolgi, o quasi, a quel punto non converrebbe più migrare, anzi, vivere in certi Paesi poveri, permetterebbe di avere un salario più apprezzato che da noi.

Quando tutto questo avverrà la differenza tra ricchi e poveri, in questo mondo futuro e già attuale in parte, starà solo nelle proprie abilità professionali, ovvero nel sapere svolgere una specializzazione lavorativa oppure no.

Questo sta già avvenendo da qualche anno e gli immigrati da noi possono, ormai, cercare il Reddito di Cittadinanza o vantaggi legati allo Stato Sociale, contributi per i bambini, cassa integrazione e soprattutto l'assistenza sanitaria

gratuita.
Prima o poi vedremo la loro fuga?
Dipende da noi, imponendo una riforma allo Stato Sociale,
da non dare a tutti, ma solo dopo aver pagato per 15, 20
anni le tasse da noi, per esempio.
Questa è una grande battaglia di civiltà, ovvero bisogna
togliere la melassa dal tavolo per non avere le mosche che
ronzano.

Corruzione e notizie falsificate.

La truffa ha sempre bisogno di menzogne, per essere efficace, così il potere, da sempre, ma oggi in modo particolare, utilizza le panzane, da raccontare con enfasi, per allocchi e creduloni, ma anche per chi è complice.
I telegiornali, i giornali ci parlano di fatti..... gravi, scordandoci di altro, le logiche dominanti impongono censure e maledizioni verso ciò che non è sporco, corrotto o criminale, ma verso ciò che contrasta il potere costituito.
Chi comanda ha sempre molti interessi da difendere, quasi sempre ereditati e non sa come proteggerli, così abbiamo le guerre al terrorismo, poi ritirate vergognose e trattative con i taglia gole, diventati........ moderati.
Poi abbiamo certi cattivi, che forse così malvagi non lo sono, caduti per una frase estrapolata dal contesto, accusati di proporre ciò che non è corretto, politicamente.
Il nemico è sempre colui che pensa con la sua testa, nel bene e nel male, non lo si contrasta con argomentazioni, ma diventa il........ nemico del popolo, anche se la sua colpa sta nel non essere in linea con gli idioti che hanno in pugno il potere.

Se leggi gli scritti di Adolf Hitler resti stupito per le minchiate espresse da costui e ti chiedi come fu possibile che un animale simile poté causare un conflitto mondiale, con 55 milioni di morti, orrori e distruzioni terrificanti, senza essere fermato da gente con un po' di cervello.
Forse perché lui era il modello ideale delle masse germaniche, ignoranti e feroci all'epoca, poi i poteri economici e finanziari lo presero come un cane al guinzaglio, che sfuggì al loro controllo.
Così pure oggi, più si censura il pensiero libero, oltre a favorire le varie corruzioni si spalancano le porte dell'inferno, di cretini in politica ne abbiamo tanti, mentre i servi del potere, le folle esultanti sono sempre pronte, oggi dietro alla televisione e non più nelle piazze.

L'islam è un nemico esterno o interno?

Sono questi assurdi personaggi i nostri nemici?
Hanno barbe pidocchiose, con armi modernissime, appena comprate da un mercante che le procura direttamente dalle industrie belliche, senza nessun problema.
Questi mercanti di armi procurano bombe e strumenti modernissimi di morte a individui che dubito siano capaci, senza abili istruttori, di scacciare un grilletto senza farsi esplodere il bazuka sulla faccia
Chi ingrassa questa bestia di Satana, detto islamismo?
Sono gli stessi che depredano le loro economie con affari sporchi, favorendo gli islamici più ottusi al potere, per continuare a fare soldi.
Infatti l'Arabia Saudita fu implicata nell'attentato dell'11 settembre, ma solo ora se ne parla ufficialmente e a bassa voce.
Fu attaccato l'Iraq, che però non era implicato, fatto evidente perché il regime di Saddam Hussein era distante e nemico degli eccessi degli islamisti, ma mai furono interessati, per esempio, gli Emirati Arabi, la fonte di tutti i traffici criminali e terroristici islamici del mondo.
Il perché è evidente, infatti in tanti hanno guadagnato da

queste emergenze e da questi scontri di civiltà, mettendoci tutti in pericolo, minando le nostre già deboli democrazie e quei poveri spazi di libertà che abbiamo.

Io sono certo che se si togliessero i soldi ai barbuti idioti, con armi modernissime, avremmo già vinto mille volte contro il fanatismo, avremmo già sconfitto le loro idiozie, anche solo con le barzellette e evidenziando il loro ridicolo modo di agire, di vivere e di pensare.

Per fare questo servono politiche estere decise e senza peli sulla lingua, ovvero i politicanti che vogliono trattare con le bestie barbute non devono essere più votati.

È assurdo che si perda la vita per aver scritto delle vignette su un giornale satirico, oppure essere denunciati per aver detto che Maometto, che aveva abusato di una bambina di 9 anni, era un pedofilo, ovvero aver affermato un fatto oggettivo e si sia condannati penalmente, per di più la sentenza sia avallata dai dementi e venduti giudici delle corti europee di giustizia e dei diritti umani, dei miei..........stivali, per non dire altro.

È ovvio che dietro queste corti di giustizia, che dietro a certi politici e a certa stampa abbiamo dei corruttori, che nessun magistrato vuole trovare, che difendono questo sistema criminale, dove i barbuti, i fanatici islamici servono per fare ingrassare i porci, animali ufficialmente odiati dai maomettani, ma con cui commerciano volentieri.

Trame e indagini depistate, i segreti criminali.

Mafia e terrorismo sono tutte realtà entrate in Italia con la
nascita della...... democrazia, ma accanto abbiamo giochi
di potere e affari sporchi, traffici e trame politiche, dentro

prima nella Guerra Fredda, poi nei giochi geopolitici mondiali.

Alcuni fatti avvennero e sono entrati nella storia, ma a bassa voce, come il rapporto degli alleati, che sbarcarono in Sicilia, con la mafia siciliana, sfruttando l'amicizia con quella statunitense.

Mafia e Stato sono sempre stati in accordo, prima delle elezioni, per esempio, così la vecchia Democrazia Cristiana vinceva sempre.

Il terrorismo invece fu uno strumento utile per la strategia della tensione, ovvero, di destra o di sinistra, stragista o brigatista, con terroristi consapevoli e mercenari o....... idealisti, era sempre utile al potere costituito, per consolidarlo.

Le indagini poi si perdevano spesso nel nulla perché, oltre al gioco sporco dei servizi segreti e quindi delle eminenze grigie del potere, avevamo i servizi segreti esteri, che commettevano qualunque crimine in nome della .... libertà.

Così Stati Uniti e Francia, Gran Bretagna, ma anche l'Unione Sovietica allora, potevano tutto sul nostro territorio, mentre il potere si inchinava e lasciava fare, perché eravamo una colonia loro, anzi lo siamo ancora.

Non è questione di essere nazionalisti, sovranisti oppure

no, ma di non essere un popolo di minchioni oppure.... di accettare tutto, diventando la discarica d'Europa, con lo scarico dei rifiuti tossici di tutto il continente, nelle terre dei fuochi, dei migranti di tutta l'Africa per esempio.

Scienza, scientismo e assolutismo criminale.

Non entro mai in questi dibattiti, ma sapendo che quel......
"ritardato mentale" di Albert Einstein, così i neo positivisti
lo definirono, osò intaccare con la sua teorica della
Relatività le loro certezze assolute, minando le basi di una
visione stabile dell'universo, con le loro...... certezze
scientifiche da mai discutere, o la loro fede religiosa
pseudo scientifica, che per loro era la verità da mai
discutere, crollava.
La scienza, per chi non lo sapesse, non dà certezze, ma si
pone sempre in discussione, in una ricerca continua di
leggi e di verità oggettive, da poi mettere in discussione
sempre, con il pensiero razionale e con i legittimi dubbi,
che rinnovano le teorie scientifiche.
Einstein aveva messo in dubbio le certezze sul tempo e
sullo spazio, che sono relative alla velocità e alla forza di
gravità.
Quindi il mondo scientifico, che pare dare certezze, è solo
una brutta religione assolutista per menti deboli, per ottusi
e stupidi, che temono di essere travolti dalla vita, dalla
realtà e hanno bisogno di certezze da non mettere mai in
discussione.
In pratica sono l'opposto della scienza e hanno posto le

basi per le peggiori tirannie del Novecento, quella nazista e quella stalinista, che sfruttavano, storpiavano, teorie pseudo scientifiche, quelle sulla razza o su virtù........ scientifiche del socialismo reale.

Oggi contiamo i morti, ma fino a quando ci saranno idioti certi nelle loro verità....... scientifiche, che nulla hanno a che vedere con la ricerca scientifica, siamo in pericolo e altri mentecatti potranno imporci regimi feroci e criminali, magari celati da........ democrazia.

Ricordo che la teoria della Relatività ci ha posto le basi per scoprire un Universo a più dimensioni, che sconvolgono le nostre poveri menti e non danno certezze, ma dubbi e timori.

L'Italia sarà travolta dal neoliberismo?

Da noi tutto finisce in debito pubblico, mentre i ladri di Stato danno la colpa della crisi economica, finanziaria a chi ha lavorato 40 anni e più e vuole andare in pensione prima dei 70 anni.
Sì, sono loro che hanno....... creato il debito e lo ripetono i giornalisti, che lavorano su quotidiani che hanno miliardi di debiti, se sommati complessivamente, ma loro ci insegnano che cosa sia la...... giusta economia.
Invece gli sprechi e i costi della corruzione evidente non rientrano mai, secondo loro, nelle cause dei danni alla nostra economia.
Il 160% sul Pil del debito pubblico è una voragine che ci potrebbe portare al fallimento come Paese, ma per evitarlo si dovrebbe imporre il liberismo puro e duro anche ai furbastri che ci raccontano tante panzane sul dovere che hanno i muratori di lavorare sui ponteggi sino alla morte.

Loro non hanno applicato il liberismo, che non deve essere imposto, ma lasciato libero di agire, in modo che i migliori siano premiati e i lavativi siano puniti dalle loro esistenze.
Lo Stato dovrebbe vigilare sul crimine e dare sicurezza ai cittadini, soprattutto.
Quindi se certe attività sono in perdita, come tutti i nostri quotidiani spara minchiate, dovrebbero fallire e non essere sostenuti dallo Stato, ovvero con i nostri soldi.
La politica non dovrebbe costare così come da noi, la burocrazia dovrebbe essere tanto efficace quanto snella, le tasse non dovrebbero favorire gruppi politici o partitici, associazioni pseudo culturali e politicamente di parte, ma solo essere utilizzate per far funzionare l'apparato pubblico, con meno risorse possibili.
Invece abbiamo un sistema che premia gli....... idioti e solo se lavori all'estero o per l'estero trovi soddisfazioni, in base al proprio merito.
Quanto tempo potrà proseguire questo sistema che manda sulle impalcature i vecchi e tiene i ventenni, che votano 5 Stelle, sdraiati sul divano?
È già in crisi e se non riusciremo a liberarci di questi farabutti fancazzisti professionisti la nostra economia verrà devastata, pagheremo tutti e alla fine la logica spietata, ma razionale del liberismo, che dovrebbe essere spuntata ed

ammorbidita da politiche sociali intelligenti, imporrà le sue
durissime leggi.

Giornali pieni di debiti, ma non falliscono mai.

Il primo posto, tra gli indebitati, lo ha ottenuto Il Sole 24 Ore, il quotidiano della Confindustria, che dà consigli, anzi pontifica, sull'economia nazionale.
Poi al seguito abbiamo tutti gli altri quotidiani o settimanali, dimostrando che dietro la stampa abbiamo molti interessi occulti, spesso sporchi, ovvero se si manipola l'opinione pubblica o parte di essa si hanno vantaggi politici.... democraticamente ottenuti, in modo che le perdite nella gestione dei periodici siamo ampiamente compensate con politiche favorevoli ai padroni dei grandi giornali nazionali.
Chi sta dietro a questi quotidiani sempre in perdita?
Sono i nomi dell'imprenditoria nazionale, spesso in affari con lo Stato o per lo Stato, ovvero senza gli appoggi politici giusti dovrebbero affrontare il mare in tempesta della grande finanza mondiale, dove verrebbero sicuramente travolti.

Così i nostri... faccendieri nazionali fanno i soldi sulle nostre spalle, lasciando che i loro giornali siano sempre sul baratro del fallimento e se fallissero pagheremmo ancora noi, perché le banche finanziano a fondo perduto, poi se si trovano in crisi interviene lo Stato, poi le tasse saranno aumentate.
Sì, i lettori affezionati dei nostri periodici sono proprio delle grandi capre.

Vedo un futuro orrendo.

Scusate se sono pessimista, ma tutto porta a vedere un avvenire terrificante, triste, di miseria e morte.

La nostra classe politica è stata votata da un popolo confuso, sempre interessato a sistemarsi con parenti e amici........ nei posti giusti.

Ciò che hanno commesso, questi ladri, avrebbero fatto scoppiare le rivolte popolari nei secoli passati, tra i nostri antenati, con i forconi.

Invece oggi i minchioni si vedono i telegiornali e non sanno fare uno più uno, ovvero che la corruzione è evidente, la casta al potere fa ciò che vuole, con l'aiuto dei corruttori dell'imprenditoria e con l'appoggio sindacale.

Cantano Bella Ciao, ma per resistere alle inchieste contro le sottrazioni di beni pubblici, favorendo truffe da far infuriare anche i dementi, ma il ceto mediocre italiano non si arrabbia mai.

Quella del MPS fu una truffa incredibile, senza condanne penali, poi pagate da noi, con le tasse.

Abbiamo visto trattative con la mafia, che si è diviso il territorio con il governo italiano, infatti le zone dello spaccio sono in mano alle cosche, per esempio.

Poi pare, possiamo togliere il pare, che tantissimi soldi investiti in Titoli di Stato, siano in mano alla mafia, ovvero gli uomini di onore possono far crollare l'Italia e il suo Stato

giocando con i mercati finanziari sulla nostra pelle.
La notizia è vecchia, ma io la considero certa.
Il ceto mediocre conta i soldini sul conto corrente e non si
accorge che l'inflazione, che sta tornando, li sta riducendo,
ma è sempre fedele al potere costituito, prima era per il
Patito Comunista Italiano e la Democrazia Cristiana, oggi
per il PD e per i 5Stelle, vuole, per il figlio scemo, la
cannabis libera, così spenderà di meno per il tontolone.
Sono pessimista, come non si potrebbe essere altrimenti,
siamo l'unico popolo che non combatte mentre è in corso
un'invasione e una parte vota a favore, tra la benedizione
papale e le cosche sindacali.
Sì, una parte degli italiani sono proprio dei grandi, grandi
coglioni, incurabili.

Sbatti il mostro in prima pagina.

Esiste uno strano rapporto tra pennivendoli e magistrati d'assalto, la cui onestà è come quella di certe signore di....... alto borgo, sempre ben vestite e stizzose, ma che si vendono solo per rendite a vita, come mogli o amanti di certi puttanieri di alta casta.
I mostri poi svaniscono nell'oblio, durante i processi: a torto o a ragione, qualche caso viene insabbiato, altri si sciolgono come neve al sole, mentre, quasi mai, la sentenza è giusta, perché il condannato, alla peggio, ottiene la buona condotta dopo qualche anno e se la cava con lavori presso i servizi sociali.
La giustizia in Italia e non solo da noi, segue una........ legge non scritta, ma conosciuta da tutti, dipende non dalla gravità del reato, ma dai soldi che spendi per gli avvocati,

possibilmente abili, oppure no.

Quindi da noi è importante mostrare i cattivi, veri o presunti, o chiaramente innocenti, da mettere al pubblico ludibrio, a servizio del potere costituito, quindi i magistrati in carriera hanno alle spalle le troie di regime, detti giornalisti, che sanno bene come ragiona o non ragiona il ceto mediocre italiota, ovvero fanno spalancare la bocca a costoro e affermare le più ridicole scemenze nel bar sport di turno.

In questo modo distraggono la gente dai veri problemi e le vicende politiche si trasformano in pettegolezzi per beghine fuori dalla chiesa, con l'aggiunta di espressioni sorprese, con luoghi comuni per tutti i gusti.

Senza i patiboli pubblici, senza le gogne i sovrani di un tempo avrebbero subito mille e mille rivolte, ma facevano sfogare sul poveraccio, ladro di mele, o contro il brigante vero, o somigliante al famoso ricercato, tutte le colpe, con il lancio di spazzatura contro le loro teste, con l'attesa sadica e spasmodica per il taglio della testa del....... cattivo di turno, autentico mascalzone o solo il classico povero diavolo, il capro espiatorio di turno.

L'Italia è un Paese democratico?

Sì e gli asini volano.
La democrazia dovrebbe concedere spazio a tutti, a tutte
le opinioni, ma gli idioti, ovvero tutti coloro che vogliono la
censura, contro ironia, opinioni, pensiero critico,
prevalgono con leggi che si potrebbero definire staliniste,
da Santa Inquisizione, fasciste, oggi anche islamiste.
Oggi, più che mai, la parola democrazia, da noi, pare una
grande presa per i fondelli.
Il potere in Italia è in pugno a una casta di faccendieri
corruttori, gli stessi che evasero illegalmente le tasse
decenni fa, pagarono i politici di allora e di oggi, che sono
sempre più simili agli scemi nullafacenti che si trovano al

bar sport in attesa di un lavoro comodo a 40 anni e più.
Mai come oggi questo Paese rischia di sprofondare nel disastro economico e finanziario, con il debito pubblico che potrebbe esplodere da un giorno all'altro, con la politica che vuol far crollare il costo del lavoro, ma peggiora le condizioni di tutti, con prospettive infernali nel futuro.
Quindi la stampa, che oggi sfrutta tanto Google News, pare una voragine di debiti che ci danneggia tutti, ma che sa parlare al ceto mediocre, credulone e tonto.
Qualche spazio democratico, grazie a Internet, non ancora dominato e forse non sarà facile dominarlo totalmente, esiste ancora, ma il peggio sta in questo popolo tontolone, fedele al potere prostituito che sta con il più forte, per ottenere qualche vantaggio personale con famiglia.
Da noi le rivoluzioni finiscono sempre in grandi tavolate, dove tutti, alla fine,........ mangiano.
Qualcuno paga per tutti, viene indicato come il cattivo di turno, ma anche lui serve al sistema, che si regge sempre, da noi, sulle amicizie e i favori, come fossimo una........ grande famiglia.
Poi qualcuno mangia più degli altri, ma nessuno è perfetto e se uno denuncia il marcio finisce a pulire i cessi, lavoro onorevole e.....pulito.

Chi comanda la stampa in Italia?

È evidente che qualcuno controlla l'ordine delle notizie e impone argomenti e discussioni di un solo tono, con banalità che passano per verità assolute.
Il mostro in prima pagina, specialmente se è politico o con attività affini alla politica, impone argomentazioni e questioni terribilmente banali, per fare spalancare le boccucce ai soliti ben pensanti, seguaci dei valori vincenti del momento.
Oggi è di moda la cannabis libera e gli stessi, che 40 anni

fa la disprezzavano, giustamente, oggi la approvano, vedendola come un diritto...... democratico.

Il banale trionfa sempre e si passa da giornale a giornale senza notare differenze, per i quotidiani più diffusi o maggiormente letti da quello che io chiamo il ceto mediocre.

Le banalità che escono sono tante, le campagne diffamatorie non hanno pudore al punto che se esistesse una volontà economica e giuridica disposta a fare causa a quelle che sono campagne diffamatorie organizzate, si potrebbe arrivare a richiedere rimborsi per centinaia di milioni di euro.

Questa comunque è solo un'ipotesi inimmaginabile nella nostra realtà giuridica, sociale e politica profondamente corrotta.

Comunque chi sta dietro alla stampa nazionale, ai periodici e alle agenzie sono coloro che pagano, che si accollano i debiti dei giornali, ovvero se io ti pago tu devi dire quello che a me fa comodo e favorisci i miei affari, i miei interessi.

Dietro quindi abbiamo le banche, ovvero i banchieri, che portano avanti politiche sociali e finanziarie che devono riportare in tasca a loro dei buoni proventi.

Infatti il Presidente del Consiglio attuale non è un politico, un membro dei partiti, ma un esperto banchiere di fama

mondiale.
Così i buoi scrivono e le capre belano, gli asini ragliano e le bufale giornalistiche trionfano.

Giudici e giustizia non possono toccare le cosche progressiste?

La domanda prima sta se realmente il signor sindaco Mimmo Lucano ha commesso reati oppure no.
Allora i pennivendoli parlano di..... presunti falsi e abusi di

potere, o meglio le prove ci sarebbero per gli illeciti, ma mantengono il dubbio, perché è uno di loro.

Quindi se uno commette certi crimini a sinistra, in questa sinistra ridicola e demenziale, che piace a cantanti e a minchioni con lo smalto sulle unghie, è autorizzato e benedetto.

Quindi non è ciò che commetti, ma come lo commetti.

Se rubi o truffi lo Stato, in pratica togliendo soldi ai pensionati con la minima, per esempio, è lecito se lo fai da una posizione politica....... corretta.

Abbiamo avuto....... Santi preti della Caritas che hanno rubato, abbiamo la truffa che impone il pagamento agli onesti i consumi elettrici dei ladri di corrente elettrica, imposto dal PD, abbiamo gli edifici pubblici occupati abusivamente, da parte dei vari irregolari, italiani e stranieri, dove si ruba anche l'acqua alla gente onesta, oltre a commettere infinità di reati, che sono considerati fatti..... leciti.

Mimmo Lucano, un amaro da non bere, poteva tutto.

I fatti sono provati, ma lui lo faceva a fine di.... bene, per permettere a costoro di ingrossare le file dei disperati delle periferie, ad aumentare il numero dei votanti della sinistra, degli utilizzatori del Reddito di Cittadinanza.

Sì, alla fine non si discute se ha commesso reati gravi, lo

stesso suo amico politico De Magistris dice che lo ha fatto a fine di bene.

Quindi era un....... buono che rubava per ..... filantropia.

Era da assolvere perché se rubo a fine di bene sono un ladro buono, un esempio da seguire, un modello di virtù.

Che strana cosa è questa?

Poi i migranti servono in gran parte per il lavoro nero e per la manovalanza del crimine.

Anche questo è a fine di bene?

Sì, il ridicolo supera l'idiozia dei nostri giornalisti, note puttane a servizio di dati interessi anche criminali.

I manifestanti contro questa sentenza, tutta gente con molto tempo libero, non si accorgono che sono oltre l'assurdo?

Visto che il popolo delle manifestazioni facili lo conosco, non suda e non lotta, ma ha la mamma che fa la mignotta, che li mantiene tutti, non rimane che ridere, o piangere, chiedendosi in che Paese viviamo.

Poi ci stupiamo se abbiamo la più forte e organizzata criminalità d'Europa.

La politica del posto fisso.

Io ho creduto nel posto fisso, è un diritto umano, che permette di fare crescere la famiglia in pace, restare in un luogo solo, senza migrare di regione in regione per tutta la vita, dà certezze e stabilità economica, permette di farsi la casa, senza dover pagare un affitto fino alla morte e tanto altro.

Da noi questo diritto è diventato una truffa, ovvero si fanno carte false, si facevano cose terribili per ottenerlo.

Così il sistema Italia si è arenato dentro quello che pare qualcosa di giusto, ma è venduto a caro prezzo.

Abbiamo così i lacchè professionisti della politica e in questa era, dove tutto scorre e tutto si muove, tutto muta, il posto fisso diventa qualcosa difficile da mantenere.

Ecco a voi che i lecchini si scatenano e trovano nella santa alleanza della sinistra, PD e 5Stelle, l'ultimo loro rifugio.

Un tempo facevi notare gli evidenti inganni e le tante truffe dei politici democristiani, socialisti e comunisti di allora, con edifici e ponti pericolanti, per esempio, costati 3 o 4 volte il loro costo reale.

Ricevevi risposte banali, oppure sorrisi compiacenti, con frasi solite, come "gli ingranaggi hanno bisogno di olio per funzionare".

Oggi si scandalizzano e davanti alle truffe oggettive parlano di atti......... generosi e di........ bontà, scendono in piazza a difesa di personaggi che meritano il carcere duro e io dico i lavori forzati.

Per loro la razionalità e la oggettività sono solo......... fattori discutibili, che variano a secondo come tira il vento, da sinistra o da destra.

Io li capisco, non sanno fare nulla e farebbero la fame con la loro voglia di lavorare, le loro capacità personali, quindi costoro, che un tempo erano democristiani, socialisti, comunisti ed altro ancora, sperano di salvare la sedia sotto il culo, stanno sempre dalla parte della sinistra, sia se è comunista, sia se è liberista, ma l'importante che il loro comodo deretano sia sempre ben collocato e stabile.

Questa è la forza della sinistra, ecco perché quando scendono in piazza a manifestare capisco chi sono, li riconosco dalle facce, dall'abbigliamento e dai modi.

Sono dipendenti pubblici o del parastato, sono quelli che passano sempre di livello....... per meriti misteriosi, che scaricano il lavoro ai fessi non raccomandati, che disprezzano oltretutto.

La truffa dell'immigrazione e il tentativo di fermare la storia.

Cosa hanno bisogno gli extracomunitari oggi?
Quello di cui hanno bisogno i giovani occidentali, orientali e americani, ovvero studiare e imparare le nozioni basilari delle nuove tecnologie o per tutti non ci sarà futuro, in ogni luogo della terra.
Quindi i migranti dovrebbero tornare a casa loro e studiare, non dovrebbero partire, in cerca di lavori sottopagati, perché fanno una grande concorrenza ai loro amici e fratelli partiti prima di loro, ai poveri occidentali, con meno capacità e risorse, in lavori sempre meno retribuiti, che sono destinati a scomparire.
Parlo dei braccianti agricoli, che esistono solo perché il caporalato e la scarsa organizzazione lavorativa delle nostre campagne necessitano di miseri individui, da

retribuire uno o due euro per ogni ora lavorata, togliendo........ il vitto e l'alloggio, con i ratti accanto.
I lavori manuali non specializzati sono destinati tutti a sparire, è la concorrenza globale che lo impone, le macchine avranno la meglio anche da noi.
Quindi i robot stanno svolgendo già i lavori umili, lavano i pavimenti, aspirano le polveri ed altro ancora, mentre l'analfabetismo tecnologico, di troppi personaggi detti..... imprenditori, o anche....... economisti, ci costringe a utilizzare i poveri africani contro il progresso tecnologico, che è sempre più travolgente, per ridurre i costi del lavoro.
Sì, forse gli schiavisti storici, del passato, erano più.... umani con i loro schiavi.
Questa la chiamano....... accoglienza e i sindacati, che da decenni si sono venduti ai peggiori faccendieri, senza pudore, tradendo i lavoratori, la sinistra e i giornalisti, i papisti aggiungo, si sentono buoni nel favorire tutto questo, dallo spaccio di droga in periferia, alle guerre tra bande con morti e feriti.
Perché non fanno studiare a casa loro costoro e poi, una volta specializzati, li fanno giungere da noi come tecnici?
Questa sarebbe accoglienza e vera integrazione, ma tutto questo non lo vedo e non sento neppure una lontana ipotesi a riguardo.

Che tutto questo porta e porterà a risultati opposti a quelli sperati dai promotori, ovvero sono loro che favoriscono il sorgere del razzismo, del ritorno di idee naziste, di movimenti pericolosi per tutti.

Il ritardo nell'utilizzo delle nuove tecnologie nelle industrie, nei servizi e nell'agricoltura non fermerà la storia, ma ci farà solo perdere occasioni e metterà in posizione svantaggiata la nostra economia e nulla più.

Alla fine le nuove tecnologie arriveranno e si imporranno, anche per i decadenti sognatori di un mondo arcaico, con i neri che lavorano nei campi, raccolgono la frutta e loro guardano il tutto dall'alto, sentendosi buoni e nobili signori.

Pare una nuova e brutta versione di "Via col vento", pure loro, speriamo al più presto, verranno trascinati via dalla bufera, lasciando dietro di loro solo....... un cattivo odore.

Divertente, c'è un popolo che non sa contare.

Di chi sto parlando?
Del ceto medio italiano, quello che si è comprato l'appartamento in centro città, nelle città che...... contano.
È il ceto medio, cresciuto sotto l'ombrello pubblico o privato, ma quello dei faccendieri, che si sono arricchiti con i denari pubblici.
Parlano di legge di mercato, che deve essere applicata in modo...... rigoroso sui manovali, sugli operai, ma mai per loro, che sono al di sopra di tutte le leggi.
Cosa hanno votato costoro?

Hanno dato il loro voto al partito e ai loro alleati, anzi ormai si può parlare di complici, della rapina del secolo.

No, non parlo di quelle dentro i caveau delle banche, o le mitiche e ormai dimenticate rapine ai treni porta valori degli anni Sessanta del secolo scorso.

Sto parlando della rapina fatta contro il MPS, ovvero la banca più antica del mondo, svuotata con una gestione....... allegra, da personaggi, che secondo i nostri magistrati non hanno commesso........ reato.

Non ci furono tiranni, imperatori, signorotti locali in passato che avevano osato tanto, ma i progressisti possono tutto e hanno sempre il voto da parte del ceto mediocre, detto medio.

Non capisco?

Se questi sono liberi di agire ancora e perché sono stati premiati dai loro fedelissimi e..... intelligenti elettori, quelli che stanno pagando più tasse sulla casa, per la loro abitazione di valore posta in centro, quelli che hanno visto tassare i loro proventi azionari, dei fondi deposito in banca, quelli che rischiano di vedere altri crack bancari, di altri imitatori della grande rapina storica, dello stesso schieramento.

Le tasse, a miliardi, vanno a finanziare la banca defraudata, oltre agli sprechi dei politici disonesti e incapaci.

Sapete chi sono gli altri complici?

Sono il popolo del reddito di cittadinanza, che per qualche euro si lasciano scavare la fossa.

È divertente, il ceto mediocre cittadino e il popolo degli sfigati, senza arte ne parte, sono uniti nella lotta e sostengono i ladri di regime.

Il tutto finisce nel debito pubblico, che era al 160% del Pil, ovvero eravamo di fatto falliti come Paese, ma ci tengono in vita per farci fallire ancora un po', per toglierci anche le mutande.

La matematica a molti non piace e sono sicuro che tra i mediocri del ceto mediocre in troppi non sanno, non capiscono cosa sta capitando, ma prima o poi i mercati, quelli veri, liberisti, neoliberisti, spietati, se ne fregheranno di tutti gli italiani, del loro ceto di appartenenza e faranno scoppiare la bomba.

Allora o diventeremo un Paese serio, forse dittatoriale, dove i ladri andranno in prigione, i beni di costoro saranno sequestrati, oppure finiremo nel baratro del sotto sviluppo.

La matematica non perdona e dei discorsi degli idioti con lo smalto sulle unghie, con i tatuaggi sulle chiappe, non sa cosa farsene.

Elezioni e morte della democrazia.

I commenti dei pennivendoli sono tutti sui risultati delle elezioni, ma loro si sono scordati del numero di elettori presenti alle urne, circa il 50% scarsi.
Se si fanno i confronti con le elezioni degli anni Settanta, per esempio, quando si superava un'affluenza del 90%, ovvero a livello bulgaro, si capisce che molti non credono

più nel voto.

In pratica abbiamo perso il 40% e più degli elettori, ovvero quasi la metà degli aventi diritto al voto non si sentono rappresentati da questi partiti, che non sono come negli Stati Uniti, due e poco differenti, noi abbiamo ancora le falce e i martelli e anche i saluti romani, malamente celati.

Gli elettori hanno solo l'imbarazzo della scelta, ma il troppo parlare, le troppe promesse non realizzate, la paura per il futuro, della criminalità e del terrorismo non trovano risposte.

Oggi ha vinto la partitocrazia, ovvero il popolo che vende il voto e non ha idee, né speranza, non suda e non lotta, ma sta con chi dà a loro da mangiare..... gratis.

Il voto di scambio è tipico in Italia, le indagini hanno dimostrato l'esistenza di concorsi truccati, di falsi invalidi, di ladri di reddito di cittadinanza, tutti protetti politicamente.

Poi queste inchieste si fermano solo ai fruitori immediati dei vantaggi e mai giungono ai politici, sempre intoccabili.

Così questi....... avvantaggiati votano sempre progressista, sono fedelissimi con tessera, sono i tonti che morrebbero di fame se non ci fossero i partiti che li sfamano, come i barboni alle mense della Caritas.

Così in troppi non credono nelle elezioni e si rischia, anzi il rischio è già realtà, che sempre più italiani non si fidino della democrazia rappresentativa, vedendola solo una grande farsa.

A questo punto, se questo fenomeno proseguirà, se i giochi delle cortigiane di palazzo rimanessero sempre quelli, nascerebbe un nuovo partito, quello del non voto, di coloro che appoggerebbero moralmente e realmente qualsiasi avventuriero, o forza politica autoritaria, che riporti....... ordine in Italia, dando il colpo mortale a questa democrazia, che è sempre più formale e meno reale.

7.10.2021

CURRICULUM

Rossi Arduino scrive e pubblica racconti, saggi da diversi anni, i suoi racconti sono stati diffusi e stampati su carta, in piccole edizioni, su riviste culturali in passato.
Ha stampato poesie, racconti e un romanzo breve con diverse case editrici, con cui collaborava esternamente: IL SALICE di Potenza, Montedit di Melegnano -MI, etc.
Scrisse e pubblicò articoli di saggistica, in particolare sul quotidiano BERGAMO-OGGI, la pagina della cultura.
Deve solo concludere la tesi per ottenere la laurea in lettere, indirizzo storico, a Milano, mai conclusa per il febbrile impegno culturale. Ha scritto moltissimi racconti, spesso di genere horror, che ha visto pubblicati in passato in due raccolte intitolate: "LA ROSA DI GENNAIO", "STORIE D'ALTRI TEMPI RACCONTATE ATTORNO AL CAMINO".
Un romanzo breve gli fu stampato, intitolato: "AVVENNE IN IRLANDA".
Molti altri racconti, brevi saggi e recensioni furono diffusi su

riviste culturali.

Suoi racconti sono stati diffusi su internet, nei siti OCCHIROSSI, ZERODELTA, ANNOTAZIONI.

HA SIGLATO UN CONTRATTO CON LA CASA EDITRICE SENECA per la pubblicazione di un romanzo poliziesco LA VILLA DEI CIPRESSI, nella collana AMARANTOS: L'editrice Fabula ha presentato tre sue lavori, due raccolte di racconti e un romanzo breve, nel suo laboratorio, disponibile su Internet: fabula edizioni.

E' stata pubblicata una raccolta di racconti intitolata GLI STATALI - con la casa editrice Morpheo Edizioni.

Collabora con i Giornali online REPORTONLINE e scrive su una rubrica di AGENFAX, intitolata L'Opinione....di Arduino Rossi, collabora con il giornale online della F.D.C. Il suo sito personale è http://www.arduinorossi.bloger.com Dipinge e ha ottenuto diversi premi di pittura a Milano.

Sue lettere, anche sotto forma di articolo, sono state diffuse su L'Eco di Bergamo, ILBERGAMO, BERGAMO-SETTE La Provincia di Cremona, L'Arena di Verona, Il Giornale di Vicenza, VITA TRENTINA, IL QUOTIDIANO DI CALABRIA, SECOLO XIX , REPUBBLICA(compreso il venerdì), SETTEGIORNI, Il GIORNALE, IL TEMPO, REPORTER, CORRIERE DELLA SERA, AVVENIRE, LA PROVINCIA DI SONDRIO, LA PROVINCIA DI LECCO, LA

PROVINCIA DI COMO, IL MATTINO, LA STAMPA E MOLTI ALTRI.

CURRICULUM ARTISTICO di ARDUINO ROSSI

2022

Mostra mercato a Boston Presso Italian Contemporary Art Gallery, oltre che a Lugano e a Londra, per il 2022.

Partecipa al tour Biennale d'Europa, organizzata da Pitturiamo.it, con esposizione a Barcellona, Londra, Parigi, Venezia, nel 2022.

Premio Berlino 2022 dal 4 al 10 aprile 2022, con il giudizio di Angelo Crespi: "Per l'abilità di trasmettere emozioni con forza sentimenti e pulsioni profondi e di coinvolgere emotivamente il fuitore attraverso un costrutto estetico in cui l'energia del gesto determina la foma."

Partecipa con un quadro alla Pro Biennale di Venezia 2022, mostra dal 13 al 17 maggio presso il chiostro della Chiesa di San Francesco della Vigna a Venezia.

Presentazione della mostra su Canale Italia TV: https://m.facebook.com/story.php?story_fbid=8095063904 38366&id=100041370379717

Prolungamento Mostra all'Hotel Ristorante Vesuna; ·
Esposizione di n. 3 opere alla mostra Amore nell'Arte
presso la storica Milano Art Gallery - dal 14 febbraio al 5
marzo 2022 - col contributo del grande Prof. F. Alberoni -

E' stato selezionato per il **Premio Internazionale d'Arte
Contemporanea** organizzato da PitturiAmo e si terrà dal
16 al 30 giugno 2022, a Milano nel celebre **quartiere
Brera** e sarà dedicato ad **Albert Einstein,** in occasione
dei **100 anni** dalla consegna del **Premio Nobel** al celebre
fisico.

2021

Stima e battuta d'Asta Gigarte – Piazza D'Azzeglio, 22
55049 Viareggio. Martedì 23 febbraio 2021 ore 17 Arduino
Rossi, Evoluzione , 2020 , stima 1.000/1.500 Euro. Base
d'asta 600,00 Euro.

Selezionato per la pro Biennale di Venezia 2021; Premio
Canaletto 2021; mostra a Bassano del Grappa, presso la
sede di Spoleto Arte, pro Biennale di Venezia 2021,con
giudizio critico di Salvo Nugnes, con giudizio critico firmato
da Salvo Nugnes.

Partecipazione alla mostra "Spoleto Arte", dal 16 al 22 Luglio a Palazzo Frau, nel cuore di Spoleto – 2021.
Link che riportano a video di telegiornali e di informazione:
https://www.tgcom24.mediaset.it/2021/video/spoleto-arte-mostra-internazionale-con-sgarbi-e-tanti-ospiti-illustri_35842463-02k.shtml

https://youtu.be/kiSJlmomqLl

https://youtu.be/YH-Op-yPHF4

https://youtu.be/w8Q2a1pwGj0

https://youtu.be/wrSMEy1nm7w

esporre all'evento "**Artista Leader Regione**".

Esposizione di 4 tele in acrilico presso la Galleria Area Contesa Arte - sede: Via Margutta, 90 - 00187 – Roma, dal 02 al 07 Luglio 2021.
Premio Canaletto, siglato da Salvo Nugnes,(Curatore d'Arte), Roberto Villa(Fotografo Internazionale), Giuseppe

La Bruna, (Direttore Accademia di Venezia), Flavia Sagnelli (Curatore d'Arte).
Premio Modigliani 2021, con coferimento premio Modigliani conferito a Arduino Rossi, ECCELLENZA ARTISTICA.
Mostra ad Albano, presso la tenuta del cantante Albano.
MOSTRA FISICA " L'ARTE IN QUARANTENA " ALLA STORICA MILANO ART GALLERY dal 26 marzo al 10 aprile 2021 trova in via G. Alessi 11, Milano. curata dal direttore della galleria Salvo Nugnes, già manager di personalità dell'arte e della cultura come Vittorio Sgarbi, Francesco Alberoni, Katia Ricciarelli, Margherita Hack e altri ancora.
Links che portano a servizi televisivi, telegiornali e nazionali:
https://www.facebook.com/tgcom24/videos/la-rubrica-di-tgcom24-arte-in-quarantena-cresce-sempre-di-pi%C3%B9-abbiamo-iniziato-p/636312450574709/
https://www.tgcom24.mediaset.it/2021/video/l-arte-in-quarantena_34449832-02k.shtml

Itervista a Radio Regione Lombardia, Luglio 2021
Intervista a OnAir, messa in onda almeno 3 volte nel 2021.

Partecipazione alla biennale di Milano, con giudizio critico di Salvo Nugnes.
Elenco link che portano a video di telegiornali e atrasmissioni televisive che parlano della Biennale di Milano 2021, dal 21 al 25 Ottobre 2021, presso Palazzo Stampa **di** Soncino, Via Torino 61, **Milano, con la partecipazione di artisti di 44 Paesi** :
https://m.facebook.com/story.php?story_fbid=6919955621 89450&id=100041370379717
https://m.facebook.com/story.php?story_fbid=6913051455 91825&id=100041370379717
https://m.facebook.com/story.php?story_fbid=6817277065 49569&id=100041370379717
https://m.facebook.com/story.php?story_fbid=6791572101 39952&id=100041370379717
https://m.facebook.com/story.php?story_fbid=6181049695 78510&id=100041370379717
https://m.facebook.com/story.php?story_fbid=6359221811 30122&id=100041370379717
Comunicatostampa con indicato Arduino Rossi per la Biennale di Milano 2021: http://www.comunicati-stampa.net/com/salvo-nugnes-presenta-alla-prestigiosa-biennale-milano-le-opere-di-talentuosi-artisti-come-maquignaz-reci-e-

rossi.html#:~:text=Reci%20e%20Arduino-,Rossi,-
.%20Saranno%20presenti%20ospiti
Partecipazione al premio Artisti Premio Artista d'Italia –
Condivisione di un'opera d'arte su tutto il territorio
nazional, elenco di tutte le location: BARLETTA - Galleria
ZeroUno BOLOGNA - Fluart - Centro di Arte Urbana
FERRARA - Galleria d'Arte "Il Rivellino" FIRENZE -
Roccart Gallery MILANO - Art Luxury Gallery MONZA -
mimumo - Micro Museo Monza NAPOLI - mCd - Gallery
PALERMO - Galleria Effetto Arte PADOVA - Queen Art
Studio Gallery PARMA - Galleria Italia PERUGIA - Home
Gallery - Spazio 121 ROMA - Art Studio Gallery di Carlo
d'Orta10/4/2021 Gmail - Ecco tutte le location aderenti al
Premio Artista d'Italia VENEZIA - Venice Art Gallery.
Per evento "Artista Leader Regione", Esposizione
presso PitturiAmo Gallery - sede:
Viale Conte Testasecca, 12 93100 Caltanissetta CL - dal
26 Novembre al 9 Dicembre 2021.

SIMPOSIO D'ARTE PER IL CENTENARIO DELLA
NASCITA DELLA GRANDE M a r g h e r i t a H a c k
presso la Milano Art Gallery, via G. Alessi n. 11 a Milano
 18 dicembre all'8 gennaio, con attestato di merito
Margherita Hack, con premio Margherita Hack.

Servizio SPECIALE TV nazionale sulla mostra.

Mostra presso l'Hotel Ristorante Vesuna di Marco Columbro a Trequanda, Montepulciano (SI), dal 14 al 27 gennaio 2022, con inaugurazione il 14 gennaio alle ore 18,00.

Partecipazione dell'evento Maestri a Milano con pubblicazione dell'opera ammassa nella rivista Art Now Dicembre 2021, con video esposizione delle opere ammesse al teatro Manzoni di Milano che si Svolgerà il 10 e 11 Gennaio 2022, con pubblicazione dell'opera ammessa nel sito ufficiale dell'evento.

2020

Partecipa con una tela, intitolata Luce in fuga, alla Pro Biennale 2020, a Venezia dal 23 luglio al 7 agosto 2020, presentata da Vittorio Sgarbi.
Critica di Flavia Sagnelli - Curatrice di Mostre - in occasione della Pro Biennale estate 2020 a Venezia

presentata da Vittorio Sgarbi, menzione speciale con firma anche di Vittorio Sgarbi.
Con pubblicazione con la case editrice Giorgio Mondadori della sua opera e con il giudizio critico, dentro il volume che riporta questa Probiennale.

Partecipa anche alla pubblicazione di una sua scheda nel volume della Casa editrice Giorgio Mondadori, intitolato Arte in Quarantena, 2020.

NEW YORK 2020,E' stato selezionato alla mostra dal 24 al 27 giugno 2020, posticipata dal 21 al 24 ottobre 2020, per il Corona-virus, a New York per il Premio PitturiAmo a New York, presso La galleria White Space Chelsea (555 W 25th St, New York, NY) situata a Manhattan, nel cuore di NEW YORK con L'immagine dell'opera dell'artista con la quotazione video esposta in galleria, godendo di assistenza di vendita.
A tutti gli artisti ammessi al Premio PitturiAmo a New York sarà dedicata un'intera pagina a colori nella rivista ART NOW.

Mostra mercato a Boston Presso Italian Contemporary Art Gallery 80 Dartmouth St, Boston, MA 02116, Stati Uniti - 2020 italian resilience.

Aprile 2020 attestato con pubblicazione un'intera pagina a colori nella rivista ART NOW, con l'Attestato e la targa ARTISTA DI AVANGUARDIA con la supervisione del critico d'arte Vittorio Sgarbi, per la notevole qualità stilistica.

TGCOM24 MEDIASET E' PRESENTE NEL VIDEO DEGLI ARTISTI DI SPOLETO ARTE del 16 giugni 2020, COME RISULTA DAL LINK SOTTO:
https://www.tgcom24.mediaset.it/2020/video/gli-artisti-di-spoleto-arte_19508751.shtml
Emirati Arabi: Doppia Esposizione di N. 1 opera in Mostra Digitale a Umm Al Quwainn e a Dubai, negli Emirati Arabi, con attestato di selezione.
MOSTRA SPOLETOARTE con Vittorio Sgarbi presso Palazzo Storico in centro a Spoleto, dal 18 settembre al 2 ottobre 2020 con ART FACTORY SPOLET O, con dichiarazione critica firmata Salvo Nugnes.
Attestato di ammisione al premio Raffaello di Roma, 2020.

Partecipare al "1° Premio Internazionale Città di Budapest"
2020.
Partecipazione al **Premio Internazionale "Paris ArtExpo"**
Videoesposizione degli artisti selezionati a Parigi. Dall'1 al
6 Maggio 2021 presso l'esclusiva Galleria Thuiller. Prenio
Paris ArtExpo "per essersi distinto attraverso una spiccata
personalità artistica."

Video-esposizione di un'opera per 15 giorni presso la
storica Milano Art Gallery, in via Alessi 11 a Milano.
Premio Belle Arti conferito all'artista Arduino Rossi
dell'Accademia delle Belle Arti di Roma, "Per le sue
eccellenti doti artistiche e l'originalità dei suoi lavori che
pongono le sue opere ai vertici del panorama artistico
internazionale." Giuseppe La Bruna - Direttore Accademia
Belle Arti di Roma

Valutazioni critiche e mostre:

Fu valutato dal critico d'arte Giuseppe Martucci, noto a
Milano e da Rocco Basciano di Milano.
Ha presenziato in almeno 30 mostre di beneficenza in tutta

Italia;

I suoi quadri sono stati esposti presso: La Galleria del Centro di Catania – 2001; La Galleria Modigliani di Milano, dal 23/2/2002 al 7/3/2002; personale nella sala comunale di Piazza Mercato delle scarpe – Città Alta – Bergamo, dal 29/3/2003 al 6/4/2003;

Studio d'arte Basciano BAROCCO, di Milano, Novembre 2003; Fiera dell'arte di Padova dal 13/11/2003 al 17/11/2003;

3° Trofeo Ba-Rocco – dal 16 al 29 Maggio 2004 – Milano;
Mostra Festa della Dogana – San Matteo in Via Carucci, 71 – Roma – dal 16 al 21 Settembre 2004;
Mostra dal 24 al 28 Maggio 2004 presso SE.C.I.T. Associazione Doganale Italiana – Via Carucci, 131 ROMA;
Partecipazione alla manifestazione - AUTUNNO D'ARTISTA – Ottobre 2004 di ARTECULTURA di Milano;

Con esposizione di due dipinti nella Galleria di ARTECULTURA a Milano, con le relative riproduzioni fotografiche dell'opera sulla Rivista omonima, con il giudizio critico;
inviò una cartolina dipinta al Museo degli Emirati Arabi Uniti, a Sharjah, su invito del relativo museo;
mostra di un quadro presso 4° Trofeo Ba-Rocco dal 16 al 29 maggio 2005 - MILANO;

Esposizione di 5 quadri presso AZIENDA DI PROMOZIONE TURISTICA MILANESE in P.zza Marconi, 1 - angolo P.zza Duomo - MILANO, dal 1 al 31 marzo 2005;
premio di pittura città di ALASSIO anno 2005 - B&T 36 Gallery di Milano - Biondi Tesio in the word Roma;
mostra di due quadri a Roma - in Piazza del Popolo, angolo Via del Babuino, 198- presso la BASILICA di S. Maria in Montesanto - chiesa degli artisti, sempre con la galleria - B&T 36 - Gallery ;
mostra dal 10 al 20 gennaio 2006 presso la galleria B&T 36 Galery di Milano;

TARGA BIONDI-TESIO PER LA PITTURA - 31 EDIZIONE
2005 – premiato presso HOTEL GALLIA - PIAZZA DUCA
D'AOSTA - MILANO;
partecipazione alla collettiva del piccolo quadro a Milano,
presso l'associazione Culturale Arte-Ba-rocco dal 10 al 22
Dicembre 2005;
mostra di due quadri presso LA GALLERIA SAN VIDAL
U.C.A.I.- festa di fine anno - Scoletta San Zaccaria, campo
San Zaccaria - VENEZIA;
alcune tele erano in deposito presso la galleria B&T
Gallery

Perizia da parte del Perito Estimatore Arte
Contemporanea, Giuseppe Martucci – Albo Consulenti
Tecnici n. 6422 - Tribunale di Milano 30.12.2005 –
QUOTAZIONI:
https://drive.google.com/drive/folders/1ef1cTxtA_RFFT-
zXuHg12z_Lrllk04c6

Arduino Rossi, asta con stima   Evoluzione, 2020 _

2018

Ha partecipato con due opere astratte alla MOSTRA DI ARTE CONTEMPORANEA dal 17 febbraio – 14 marzo 2018, intitolata "LA GENESI DEL COLORE", PRESSO LA GALLERIA SAN VIDAL Scoletta San Zaccaria, campo San Zaccaria – Venezia, con cenno critico sul Corriere del Veneto (inserto del Corriere della sera).
Un quadro sarà presente per un anno, dal marzo 2018, nella galleria d'Arte Albatros di Parma, in strada XXII Luglio 18/A – 43123 PARMA.
La galleria è nata sotto l'insegna di Vittorio Sgarbi quale relatore ufficiale della galleria stessa.

2019

Mostra collettiva dal 04 luglio 2019 al 19 luglio 2019 LE GRANDI MOSTRE DEL PALAZZO ZENOBIO all'interno della 57° edizione della Biennale di Venezia 2019 presentata e curata dal Prof. Storico e critico d'arte Giorgio Gregorio Grasso.
Mostra a Palermo alla Villa Filippina – 2019

Partecipazione a Parma al concorso premio il Parmigianino, con esposizione dal 19 al 29 Novembre 2019.

Attualmente le sue opere sono presenti in spazi online come Pitturiamo, Venderequadri.it, Artmajeur e nel drive di Google, dove ha reso pubblici i documenti scansionati, comprovanti mostre, valutazioni e perizie, giudizi critici:
https://drive.google.com/open?id=0BycaKPuO_rjGaVR2SU53RUZ6UTg

MOSTRE virtuali di opere di Arduino Rossi
http://www.pitturiamo.com/it/pittore-contemporaneo/arduino-rossi-6826/quadri-collezione-privata.html

http://www.artmajeur.com/it/member/arduino-rossi

http://www.venderequadri.it/?post_type=catalogo&s=arduino

BIOGRAFIA

Arduino Rossi è nato a Bergamo nel giugno del 1956., dove è sempre vissuto Ha avuto un'esistenza giovanile un po' burrascosa e contraddittoria, frequentando gruppi di diversa estrazione sociale, politica, religiosa.
Finito il breve periodo della caotica giovinezza si è chiuso nei suoi interessi "disordinato" per le arti, per la poesia, per la letteratura, per la pittura.

Da sempre interessato ai lavori dei pittori più importanti di tutte le epoche, Rossi Arduino trova nella pittura una sua realizzazione personale: si ispirò sin dall'infanzia allo zio maestro di pittura, Severino Belotti, in arte SEVERINO BELLOTTI, insegnante della Brera di Milano, uscito dalla scuola del pittore Loverini di Bergamo, presso l'ACCADEMIA CARRARA DI BERGAMO.
Lo zio pittore influenzò, ispirò e consigliò il nipote.
Successivamente ARDUINO conobbe diversi pittori che si aggiravano presso l'Accademia Carrara di Bergamo.
Diversi amici pittori l'hanno guidato, indirizzato e ARDUINO, pur non avendo mai frequentato una vera

scuola di pittura, ha sempre assistito, partecipato, collaborato, respirato l'arte e la tecnica pittorica.

Iniziò con la tecnica a carboncino, poi passò ai paesaggi in acquerello, ora il suo stile si è evoluto verso la dissociazione geometrica e quasi astratta delle immagini, con gli acrilici, ma un suo impressionismo trova strada in paesaggi naturali.

www.ingramcontent.com/pod-product-compliance
Lightning Source LLC
Chambersburg PA
CBHW050803250726
48653CB00006B/2048